CATALOGUE

DES MÉDAILLES ANTIQUES,

*modernes, & autres Curiosités de la Biblio-
theque du* COLLEGE DE LOUIS LE GRAND
*de la rue Saint Jacques, dont la Vente se fera
le Mercredi 13 Juin, lendemain des Fêtes de
la Pentecôte, & jours suivans.*

CATALOGUE

DES MEDAILLES

ANTIQUES, MODERNES,

ET AUTRES CURIOSITÉS

DE LA BIBLIOTHEQUE

DU COLLEGE

DE LOUIS LE GRAND

DE LA RUE SAINT JACQUES;

DONT la Vente se fera le Mercredi 13 Juin, lendemain des Fêtes de la Pentecôte, & jours suivans.

A PARIS,

Chez P. G. SIMON, Imprimeur du Parlement, rue de la Harpe, à l'Hercule.

M. DCC. LXIV.

CATALOGUE

DES MÉDAILLES

ANTIQUES, Réparties,

ET LES PLUS CURIEUSES

DE LA BIBLIOTHÈQUE

DU COLLÈGE

DE LOUIS LE GRAND,

DE LA RUE SAINT JACQUES.

Dont la Vente se fera le Lundi 16 Juin, & continuera
des Fêtes de la Pentecôte, & jours suivans.

A PARIS,

Chez P. G. SIMON, Imprimeur du Parlement, rue
de la Harpe, à l'Hercule.

M. DCC. LXIV.

CATALOGUE

Des Médailles antiques, modernes & autres curiosités de la Bibliotheque du College de Louis le Grand de la rue S. Jacques.

ROIS GRECS EN OR.

Nº. 1. DEUX Médailles de *Philippe*, Roi de Macedoine, avec quelques petites différences dans le ℞.

Un Quinaire dudit *Philippe* de fabrique barbare, & un autre de *Ptolemée Soter*, premier Roi d'Egypte.

ROIS GRECS EN ARGENT.

2. Sept Tétradragmes, dont un d'*Amyntas*, un de *Philippe*, trois d'*Alexandre*, un de *Lyfimaque*, & un d'*Antigone*.

Sept autres Médailles d'un moindre volume, qui font un *Philippe* avec la tête naturelle, cinq d'*Alexandre*, dont un *Rare* & un *Lyfimaque*.

Onze Médailles, dont huit Tétradragmes qui font un *Seleucus*, trois différens *Antiochus*, un *Demetrius Nicator* avec la barbe, un *Ptolemée*, une *Philiftis*, un *Mithridate*, & trois autres de moindre forme, qui font un *Antiochus Epiphanes*, un *Alexandre Theopator*, & un très-beau *Prufias*.

VILLES GRECQUES EN ARGENT.

3. Cent vingt-sept Médailles de Villes de tous les modules, dont grand nombre de la grande Grece; elles font en général de très-belle confervation.

ROIS & VILLES GRECQUES EN BRONZE.

Premiere Suite.

4. Quatre cens douze Médailles de différents modules de Rois de *Macédoine* , d'*Egypte*, de *Syrie*,
de *Judée* , de la *grande Grece*, de Villes du Royau-
me de *Naples* , de la *Sicile* , de l'*Archipel* & autres
lieux de la *Grece*.

IIe Suite.

5. Deux cens neuf Médailles, *Idem*, ou doubles ou
moins conservées que les précédentes.

MÉDAILLES D'OR CONSULAIRES.

6. Deux Médailles , l'une a d'un côté la tête de l'*A-
frique*, fans légende , & au R). une Chaise currule,
fur laquelle est posé un casque , & pour légende ,
L. Cestius ... *&c.* l'autre de la famille *Julia* a d'un côté
une tête voilée, & pour légende , *C. Cæsar. Cos. Ter.*
& au R). *A. Hirtius Pr.* & pour Type , le *Littrius*, le
Préféricule & la *Hache.*

MÉDAILLES D'ARGENT CONSULAIRES.

7. Cent trente-neuf Médailles Consulaires de la plus
grande conservation.

8. Cent cinquante dites, moins conservées , dont
un bon nombre peut s'incorporer avec les précédentes.

MEDAILLES D'OR IMPERIALES DU HAUT-EMPIRE.

9. Dix Médailles , une de *Tibere* avec le R). ordi-
naire , une de *Drusus* au R). *de Germanis* , (l'Arc de
triomphe). Une de *Claude* , la tête d'*Agrippine* , au
R). une de *Neron* , la tête est nue. R). *Pontif. Max. tr.*
p. v. pp. (in laureâ.) Deux autres Médailles de *Neron*,
l'une *Salus* , l'autre *Juppiter Custos* , une de *Vespasien* ,
R). *Judæa.* La figure d'une *Femme* assise contre un Pal-

mier, une de *Trajan*, R̸. *Alim. Ital.* deux de *Fauſtine*
la mere, au R̸. *Æternitas* ; une figure de *Femme* voilée,
debout, tenant d'une main une Patere, de l'autre un
long Gouvernail. Il y a des différences dans la légende
de la tête.

MEDAILLES D'OR DU BAS EMPIRE.

10. Vingt-quatre Médailles, une de *Fl. Jul. Conſ-
tantius Perp. Aug.* avec le *Buſte* caſqué de l'Emp. vu de
face, au R̸. *Gloria Reipublicæ*. Exergue. *S. M. Lug.*
deux figures aîlées ſoutiennent un bouclier dans lequel
on lit *VOT. XXX. mult. xxxx.* une d'*Arcadius*. R̸.
Victoria auggg. Exergue. *Comob.* dans le champ M. D.
l'Empereur foule un Captif, tient d'une main le *La-
barum*, & porte de l'autre une *Victoire* : une du même,
au R̸. Dans le champ ſont les deux lettres S. M. trois
d'*Honorius*, au R̸. le même Type & la même légende
que la précédente : il n'y a de différence que dans les
lettres du champ. Deux de *Placide Valentinien*, R̸. *Victoria auggg.* il y a des différences dans les lettres du
champ. Une de *Maurice*, une d'*Heraclius* avec un *Col-
legue*, (la légende n'eſt pas liſible.) Neuf Quinaire,
dont un d'*Anthemius*, &c. quatre Médailles de très-bas
or de fabrique barbare, dont deux ſont fourées ; &
une Médaille fauſſe de *Julia Pia*, dont on ne peut ga-
rantir le titre.

MEDAILLES IMPERIALES EN ARGENT.

Premiere Suite.

11. Une ſuite de huit cens cinquante-ſix Médailles,
dont cent ſoixante-quatorze depuis & compris *Pompée*, juſqu'à *Nerva* excluſivement ; deux cens onze
depuis *Nerva* juſques & non compris *Sept. Severe* ; quatre cens ſoixante-onze en commençant par *Severe*, &
finiſſant à *Poſthume*.

Les principales ſont trois de *Pompée*, avec des têtes
& revers différens, & deux autres Médailles de ſa

famille: dix de *Jules*, dont cinq avec des têtes ; quatre têtes de *M. Antoine*, & vingt-trois légions, celle de *Cleopatre* au R⌡. d'*Antoine ;* trente-huit d'*Augufte*, dont de fort beaux revers ; une de *Tibere* au R⌡. d'*Augufte*, (fufpecte) une d'*Antonia*, une de *Germanicus*, une d'*Agrippine*, une de *Caligula*, deux différentes de *Claude*, une d'*Agrippine* de *Claude*, (toutes ces Médailles font de belle confervation ;) fix de *Neron*, dont deux avec la tête de fa mere, l'une affrontée, l'autre accolée : fix de *Galba*, l'une *Hifpania*, une autre avec une tête de *Femme* d'un côté, & au R⌡. *Gallia*, (très-rare ;) cinq différentes d'*Othon*, dix de *Vitellius*, vingt-fix de *Vefpafien :* l'une avec les têtes de fes deux fils, au R⌡. dix têtes de *Titus*, une belle Médaille de *Julie* fa fille, dix-fept de *Domitien*, deux de *Domitia*, dont une très-belle.

Sept de *Nerva*, & trente de *Trajan*, une belle de *Marciana*, cinquante-neuf d'*Hadrien*, fept de *Sabine*, trois d'*Ælius*, vingt-fix d'*Antonin Pie*, quatorze de *Faufline* mere, vingt-une de *M. Aurele*, onze de *Fauftine* la jeune, cinq de *L. Verus*, quatre de *Lucille*, quinze de *Commode*, trois de *Crifpine*, deux belles de *Pertinax*, *Lætitia* & *Opidivinæ* ; une de *Did. Julianus*, *concordia milit.* (belle) trois d'*Albin*, une de *Pefcenzius Niget*, (bien écornée & difgraciée).

Vingt-fix Médailles de *Sept. Severe*, quinze de *Julie* fa femme, trente-trois de *Caracalle*, fix de *Plautille*, quinze de *Geta*, fix de *Macrin*, deux de *Diadumenien*, dont *Spes publica*, vingt-fix d'*Elagabale*, trois de *Paula*, quatre de *Mœfa*, trois de *Soæmias*, vingt-quatre de *Sev. Alexandre*, fept de *Mammæa*, une d'*Orbiana*, quatre de *Maximin*, & une de *Maxime ;* une de *Gordien Affriq.* pere, une du fils, quatre de *Puppien*, trois de *Balbin*, quarante-deux de *Gordien Pie*, trente-fix de *Philippe* pere, neuf d'*Otacille*, treize de *Philippe* fils, quatorze de *Treb. Galle*, dix de *Volufien*, treize de *Trajan Dece*, cinq d'*Etrufcille*, onze d'*Heren. Etrufcus*, fept d'*Æmilien*, dix-neuf de *Valerien*,

pere, trois de *Mariniana*, cinq de *Valerien* fils, cinq
de *Salonin*, trente-quatre de *Gallien*, dont huit *Legions*, douze de *Salonine*, & quarante-une Médailles des deux *Posthumes*.

Médailles d'argent fin du Bas Empire.

12. Une petite suite de quarante-huit Médailles d'argent fin du Bas-Empire, dont les plus rares sont trois Médaillons de *Constant*, *Constance* & *Valentinien*, & les Médailles de *Victor*, de *Theodore*, d'*Eugene*, de *Magnus Maximus*, de *Constantin*, Tyran, de *Jovin*, &c.

13. Estampe en argent d'une grande Médaille de l'Emp. *Heraclius* décrite dans le *Banduri*.

Médailles d'argent Impériales.

IIe Suite.

14. Seconde suite de quatre cens quatre-vingt-neuf Médailles d'argent, dont quatre-vingt-quatorze depuis & compris *Pompée*, jusqu'à *Nerva* exclusivement; cent cinquante-sept depuis *Nerva* jusques & non compris *Sept. Severe*; deux cens trente-huit, en commençant par *Severe*, & finissant avec *Posthume*.

Les plus distinguées sont les têtes de *Pompée*, de *Jules*, de *Germanicus*, d'*Agrippine*, de *Caligula*, de *Claude*, d'*Othon*, de *Domitia* (fruste) de *Marciana*, (peu conservée) d'*Albin*, de *Macrin*, de *Diadumenien*, de *Puppien* & de *Balbin*, d'*Æmilien*, & de neuf autres Médailles d'argent fin du Bas-Empire, dont un *Magn. Maximus* & un *Theodose* sont les plus considérables.

15. Un lot de Médailles d'argent, contenant quinze Quinaires d'*Antoine*, d'*Auguste*, de *Vespasien*, *Tite* & *Domitien*; de six Médailles Grecques Impériales, dont une d'*Hadrien*, & une de *Faustine* rares; de quelques pieces Puniques ou Espagnoles, &c. & de treize restitutions de *Gallien*, dont *Nerva*, *Commode* & *Sev. Alexandre*; en tout cinquante-huit Pieces.

16. Soixante-cinq Médailles Gauloises ou Barbares en argent, parmi lesquelles il y en a de fort singulieres.

MEDAILLES CONSULAIRES ET IMPERIALES D'ARGENT ET BILLON DOUBLE.

17. Cent six Médailles, tant Consulaires qu'Impériales, du meilleur argent, pese un marc une once six gros.

18. Quatre cens soixante-dix pieces de Billon, depuis les enfans de *Severe* jusqu'à *Posthume*, pese six marcs quatre onces.

MEDAILLONS DE BRONZE LATIN.

19. Six Médaillons qui font un d'*Agrippine* (suspect) un de *Neron*, R⟩. *Decursio*, un d'*Hadrien* (petit module) un de *Commode*, un de *Crispine*, & un de *Trajan Dece*.

20. Cinq pieces, une de *Trajan Dece*, une d'*Etruscille*, deux de *Constantius*, & une de *Gratien*.

21. Six différentes pieces sous les noms d'*Alexandre*, *Neron* & *Trajan* (*contorniates*).

MEDAILLONS GRECS DE BRONZE.

22. Six pieces d'*Hadrien*, d'*Antonin le Pieux*, de *Sev. Alexandre*, de *Gordien Pie*, de *Trajan Dece*, & de *Valerien* frappé à Thyatire pour les jeux de cette Ville.

MEDAILLES IMPERIALES
DE GRAND BRONZE LATIN.

Premiere Tablette, 20 *Médailles*.

23. Cette Tablette commence par une tête de *Janus*, avec le nom de *Lentulus*, au R⟩. suivent un beau *Jules* (Espagnol), trois Méd. de *Jules* & *Auguste* de Colonie, une tête d'*Auguste*, au R⟩. C. A. (Saragosse), deux autres têtes d'*Auguste* de fabrique Romaine, l'une avec le Temple, *Rom.* & *Aug.* l'autre restituée;

ſept autres Médailles qui ſont des Apothéoſes ou des Monétaires, deux têtes de *Livie* en moyen bronze, d'une grandeur extraordinaire, (l'une d'elles eſt reſtituée), deux têtes de *Tibere* avec le Temple de *Lyon*, (l'une eſt contremarquée), enfin une Méd. ſans tête, où eſt un Quadrige avec des trophées.

II. T. 20 *Médailles*.

Une Médaille pareille à la précédente, mais contremarquée. *Druſus*, fils de *Tibere*, au R̶. les deux têtes ſur des cornes d'abondance; *Druſus* l'ancien; *Neron* & *Druſus* à cheval (moyen bronze de grand module); deux Méd. d'*Agrippine*; deux de *Caligula*, dont *Adl. Coh.*; quatre de *Claude*; huit de *Neron*, dont *Adlocut. Coh.* (de la plus grande beauté); deux *Décurſions*.

III. T. 20 *Médailles*.

Trois Méd. de *Neron*, dont deux avec la légende *Mac. Aug.* (moyen bronze de très-grand module); trois de *Galba*; il y en a un avec un Arc de triomphe au R̶. comme dans *Neron*; un très-bel *Othon* d'Antioche; un ſuperbe *Vitellius*, R̶. le Type du *Mars Gradivus*; dix de *Veſpaſien*, dont *Tite* & *Domitien* debout, *Adſertori libertatis publicæ*, &c. le Carpentum *Memoriæ Domitillæ*, & une tête de *Tite*.

IV. T. 24 *Médailles*.

Une Méd. de *Tite*; le Carpentum de *Julie*, ſa fille; dix de *Domitien*, dont *Germania Capta*; trois de *Nerva*, dont *Fiſci Judaïci*, &c. *Congiar. p. r.*; neuf de *Trajan*.

V. T. 24 *Médailles*.

Sept Méd. de *Trajan*, dont *Armenia & Meſopotamia*, &c. (bien entiere) *Rex Parthis datus*, *Regna adſignata*, le grand Cirque, &c. dix-ſept d'*Hadrien*, dont *Reſtitutori Affricæ* ..... *Galliæ* ...... *Orbis terrarum*, *adventus Aug. Italiæ* ..... *Judææ* ..... *Thraciæ*, *Exercitus Dacicus* .... *Rhæticus*; trois différentes libéralités à plusieurs figures, *Dacia*, figure assise, &c.

VI. T. 24 *Médailles*.

Quinze Méd. d'*Hadrien*, dont *Libertas Rest.*; une de *Sabine*; quatre d'*Ælius*; quatre d'*Antonin Pie*, dont *Cappadocia Liberalitas Aug.* VIIII. *Rex Armenis datus.*

VII. T. 24 *Médailles*.

Seize Méd. d'*Antonin Pie*, dont *Rex Quadis datus*; quatre de *Faustine* mere, dont *Matri Deum salutari*, & quatre de *M. Aurele*.

VIII. T. 24 *Médailles*.

Seize Méd. de *M. Aurele*, dont *Profectio restitutori Italiæ*; cinq de *Faustine* sa femme, dont *Matri magnæ*; & trois de *L. Verus*.

IX. T. 24 *Médailles*.

Une de *L. Verus*; deux de *Lucille*; treize de *Commode*, dont *Herculi Rom.* (Hercules debout contre un trophée) la I. & la IV. libéralité a plusieurs figures *s. p. q. r. Lætitiæ Clu. v.* (in laureâ) &c. une de *Crispine*; deux de *Did. Julianus*; une de *M. Scantilla*; une de *Did. Clara*; deux d'*Albin*; une de *Sept. Severe*.

X. T. 24 *Médailles*.

Quatre très-belles Médailles de *Sept. Severe*, dont *adventui Aug. felicissimo*; trois de *Julia Pia*; sept de *Caracalla*; deux de *Geta*; deux de *Macrin*; une de *Diadumenien*; quatre d'*Elagabale*; une de *Julia Paula*.

XI. T. 24 *Médailles*.

Une de *Mæsa*, une de *Soæmias*, quinze de *Sev. Alexandre*, trois de *Mammæe*, deux de *Maximin*, & deux de *Maxime*.

XII. T. 24 *Médailles.*

Une de *Pauline*, deux de *Gordien d'Affrique* pere, quatre de *Philippe* pere, & deux du fils, une d'*Otacille*.

XIII. T. 24. *Médailles.*

Deux d'*Otacille*, cinq de *Trajan Dece*, une d'*Etruscille*, deux d'*Herennius*, une d'*Hostilien*, trois de *Trebon Galle*, trois de *Volusien*, deux de *Valerien* P. une d'*Æmilien*, trois de *Gallien*, & une de *Salonine*.

XIV. T. 24 *Médailles.*

Une de *Salonine*, quatre de *Posthume*, dont *Herc. Deuson.* une d'*Aurelien* au revers de *Severine* : le restant est en Pieces barbares du bas Empire, choisies comme les plus singulieres & les mieux conservées sur un grand nombre.

MÉDAILLES GRECQUES DE GRAND BRONZE.

24. Vingt & une Médailles, dont les plus distinguées font un *Tite* ou *Domitien* (la tête ne se lit pas) frappée en crête ; quelques Médailles d'*Hadrien* & d'*Antonin*, frappées en Égypte ; parmi ces dernieres se trouvent les signes du *Belier* & du *Taureau* ; dans les suivantes, font une *Julie de Severe*, des *Caracalles*, des *Gordiens*, &c.

25. Soixante & treize Médailles, dont vingt & une d'*Hadrien* & *Antonin* Egyptiennes ; le restant est de *Caracalle Sev. Alexandre*, des *Philippes*, de *Gordien*, de *Trebonien Galle*, *Volusien*, &c. de *Samosate*, *Antioche*, *Samos*, &c.

SECONDE SUITE DE GRAND BRONZE LATIN.

I. Tab. 20 *Med.*

26. Une tête de *Janus*, R). *Murena*, un *Jules* Espagnol ; seize Médailles d'*Auguste*, dont deux têtes ro-

maines, plusieurs de Colonie aussi avec des têtes, trois Monetaires, le Char traîné par des éléphans ; une de *Livie* de Colonie au R/. d'*Auguste* ; la Médaille de *Drusus*, fils de *Tibere* ; (deux têtes d'enfans sur des cornes d'abondance.)

II. T. 20 *Méd.*

Une Médaille de *Drusus* l'ancien ; deux d'*Agrippine* ; quatre de *Caligula* ; cinq de *Claude*, dont une avec l'Arc de triomphe ; six de *Neron*, & une de *Galba*.

III. T. 20 *Méd.*

Six de *Galba* ; deux de *Vitellius*, dont une de moyen bronze de grand module ; sept de *Vespasien* ; une *memoriæ Domitillæ*, & quatre de *Titus*.

IV. T. 20 *Méd.*

Six de *Tite* ; une à la *mémoire* de *Julie* ; dix de *Domitien*, & trois de *Nerva*.

V. T. 20 *Méd.*

Trois de *Nerva*, plus rares que les précédentes, & dix-sept de *Trajan*, parmi lesquelles il y en a de distinguées.

VI. T. 20 *Méd.*

Seize Médailles de *Trajan*, & quatre d'*Hadrien*.

VII, VIII & IX T. 60 *Méd.*

Ces trois Tablettes contiennent cinquante-neuf Médailles d'*Hadrien*, & une de *Sabine*.

X. T. 20 *Méd.*

Trois Médailles de *Sabine*, trois d'*Ælius Cæsar*, & quatorze d'*Antonin* le Pieux.

XI. & XII. T. 40 *Méd.*

Quarante Médailles d'*Antonin* le Pieux.

XIII. T. 20 *Méd.*

Deux d'*Antonin*, quinze de *Faustine*, & trois de *M. Aurele*.

XIV. XV. & XVI. T. 60 *Méd.*

Cinquante-huit Médailles de *M. Aurele*, & deux de *Faustine*.

XVII. T. 24 *Méd.*

Treize de *Faustine*, & onze de *L. Verus*.

XVIII. T. 24 *Méd.*

Trois de *L. Verus*, neuf de *Lucille*, & douze de *Commode*, parmi lesquelles *Herculi Romano*, Hercules debout, &c. (beau).

XIX. T. 24 *Méd.*

Ces vingt-quatre Médailles sont de *Commode*.

XX. T. 20 *Méd.*

Six de *Commode*, huit de *Crispine*, trois de *D. Julianus*, une de *M. Scantilla*, une de *D. Clara* (fruste) une d'*Albin*.

XXI. T. 20 *Méd.*

Quatre d'*Albin*, & seize de *Sept. Severe*.

XXII. T. 20 *Méd.*

Neuf de *Julia Pia* ou *Domna*, neuf de *Caracalla*, & deux de *Geta*.

XXIII. T. 20 *Med.*

Une de *Macrin*, deux de *Diadumenien*, quatre d'*Elagabale*, une de *Paula*, une d'*Aquilia Severa*, trois de *Mæsa*, une de *Soæmias*, & sept de *Sev. Alexandre*.

XXIV. T. 20 *Méd.*

Vingt Médailles du Regne de *Sev. Alexandre*.

XXV. T. 20 *Méd.*

Douze de *Sev. Alexandre*, sept de *Mammæ*, &
une de *Maximin*.

XXVI. T. 20 *Médailles.*

Neuf de *Maximin*, une fort belle de *Pauline*, trois
de *Maxime*, cinq de *Balbin*, & deux de *Puppien*.

XXVII. T. 20 *Méd.*

Ces vingt Médailles sont de *Gordien* Pie.

XXVIII. T. 24 *Méd.*

Quatorze de *Gordien*, & dix de *Philippe*.

XXIX. T. 20 *Méd.*

Sept de *Philippe*, cinq d'*Otacille*, six de *Philippe* fils,
& deux de *Trajan Dece*.

XXX. T. 20 *Méd.*

Six de *Trajan Dece*, dont une de grand module,
une d'*Etruscille*, trois d'*Herennius Etruscus*, trois
d'*Hostilien*, six de *Trebonn. Galle*, une de *Volusien*.

XXXI. T. 20 *Méd.*

Trois de *Volusien*, une d'*Æmilien*, trois de *Valerien*,
une de *Mariniana*, trois de *Gallien*, deux de *Salonine*, & les sept qui suivent sont de *Posthume*.

XXXII. T. 20 *Méd.*

Ces vingt Médailles sont de *Posthume*.

MOYEN BRONZE LATIN.

Premiere Suite.

I. T. 35 *Méd.*

27. Cette suite commence par une tête de la Victoire avec la lég. *Cæsar Dic. Tert.*; la suivante est un

Jules Espagnol ; suivent deux Médailles de la Col. de Nîmes , dont l'une est incuse , & trente & une Méd. d'*Auguste*, parmi lesquelles il y a des Restitutions & un grand nombre de Monétaires.

II. T. 35 *Méd.*

La suite des *Augustes*, au nombre de dix-sept, parmi lesquelles il y a huit Méd. des Colonies , *Bilbilis*, *Ilerda*, *Julia-Traducta*, & autres ; une tête d'*Agrippa*, cinq différentes Méd. de *Livie*, avec les légendes *Justitia*, *Pietas*, *Salus* ; & douze Méd. de *Tibere*, dont le bouclier avec la légende *Clementiæ*, & les Colonies *Italica*, *Turiaso*, *Segobriga*.

III. T. 35 *Méd.*

Quatre Col. de *Tibere*, dont *Turiaso*, *Cascantum* ; trois de *Drusus*, fils de *Tibere*, dont une restituée ; sept Méd. de *Germanicus*, de *Neso Drusus* & d'*Antonia* ; trois de *Caligula*, dont la Col. c. c. a. (*Saragosse*) ; sept de *Claude*, dont une de la Colonie *Patricia*, avec les Enseignes de la XXII. Légion , & onze Médailles de *Neron*.

IV. T. 35 *Méd.*

Trois Médailles de *Neron*, neuf de *Galba*, dix-neuf de *Vespasien*, & trois de *Tite*.

V. T. 35 *Méd.*

La suite des *Tites*, au nombre de neuf, deux belles Médailles de *Julie* sa fille , & vingt-cinq de *Domitien*, dont trois très-belles des *Jeux Séculaires*.

VI. T. 35 *Méd.*

Onze Médailles de *Domitien*, dont une de Col. quatre de *Nerva*, & vingt de *Trajan*.

VII. T. 35 *Méd.*

Neuf de *Trajan*, & vingt-six d'*Hadrien*, dont

Ægyptos, *Alexandria*, *Nicus*, *Cappadocia* ; deux avec *Daciâ*, *Hispania*, *Mauretania*, *adventus Aug. Restitut.* *Achaiæ* . . . . . . *Hispaniæ*, &c.

VIII. T. 35 *Méd.*

La suite des *Hadriens*, au nombre de vingt-neuf, & six Médailles de *Sabine*.

IX. T. 35 *Méd.*

Trois Médailles d'*Ælius*, & trente-deux d'*Antonin*.

X. T. 35 *Méd.*

Suite des *Antonins*, au nombre de quatorze, dix-sept Médailles de *Faustine* sa femme, & quatre de *M. Aurele*.

XI. T. 24 *Méd.*

Cette Tablette contient vingt-quatre Médailles de *M. Aurele*.

XII. T. 24. *Méd.*

Onze Médailles de *M. Aurele*, douze de *Faustine* sa femme, & une de *L. Verus*.

XIII. T. 24 *Méd.*

Douze Médailles de *L. Verus*, huit de *Lucille*, & quatre de *Commode*, dont l'une a au revers, *Equester Ordo Principi Juventutis, S C.*

XIV. T. 24 *Méd.*

Douze Médailles de *Commode*, dont plusieurs avec de jolis R⸿., & deux de *Crispine* sa femme, composent cette Tablette.

XV. T. 24 *Méd.*

Une Médaille de *Crispine*, une d'*Albin*, cinq de *Sept. Severe*, neuf de *Jul. Domna*, dont *Mater Castrorum*, & *Vesta*, avec le Temple.

XVI. T. 24 *Méd.*

Neuf Méd. de *Caracalla*, dont *Col. Aug. Troas*, quatre de *Geta*, quatre de *Macrin*, une de *Diadumenien*, & six d'*Elagabale*.

XVII. T. 24 *Méd.*

Huit Médailles d'*Elagabale*, une d'*Aquilia Severa*, une de *Mæsa*, une de *Soæmias*, & treize de *Sev. Alexandre*.

XVIII. T. 35 *Méd.*

Trois Médailles de *Mammæe*, deux d'*Orbiana*, six de *Maximin*, deux de *Maximus*, une de *Puppien*, treize de *Gordien Pie*, cinq de *Philippe* pere, une d'*Otacille*, & deux de *Philippe* fils.

XIX. T. 35 *Méd.*

Une Médaille de *Philippe* fils, trois de *Trebonien Galle*, deux de *Volusien*, quatre de *Trajan Dece*, deux d'*Etruscille*, une d'*Herennius*, deux de *Valerien* pere, cinq de *Gallien*, une de *Salonine*, une de *Valerien* jeune, une de *Mariniana*, onze de *Posthume*, & une d'*Aurelien*.

MOYEN BRONZE GREC.

Premiere Suite.

28. cent trente-deux Médailles de moyen & petit bronze grec, parmi lesquelles il y a peu de têtes rares. Les plus recommandables sont un *Macrin de Nicée*, au R̶. un *Eléphant*, un *Diadumenien*, un *Elegabale* en regard de *Mæsa*, &c. mais cette collection est choisie sur la totalité, & fort intéressante par la conservation.

SECONDE SUITE DE MOYEN BRONZE GREC.

29. Deux cens quarante Médailles moins bien conservées : on y a joint quelques Colonies.

MOYEN BRONZE D'EGYPTE ET POTIN.

70 $\frac{1}{2}$ 30. Cent quatre-vingt-dix-neuf Médailles Egypᵗⁱᵉⁿⁿᵉˢ de moyen & petit module, dont plusieurs *Potins* : il y a dans ce nombre beaucoup de Médailles conservées.

SECONDE SUITE DE MOYEN BRONZE LATIN.

I. T. 35 *Méd.*

31. La premiere Médaille est la tête de la *Victoire*, avec le nom de *Jules César* : les suivantes sont d'*Auguste*, dont les plus rares sont six Médailles de Colonie.

II. T. 35 *Méd.*

Une *Agrippa*, quatre différentes *Livies*, dont une contremarquée ; huit Médailles de *Tibere*, une de son fils *Drusus*, trois de *Germanicus*, deux d'*Antonia*, une de *Caligula*, sept de *Claude*, & huit de *Neron*.

III. T. 35 *Méd.*

Trois de *Neron*, huit de *Galba*, trois de *Vitellius*, treize de *Vespasien*, & huit de *Tite*.

IV. T. 35 *Méd.*

Sept de *Tite*, une de *Julie*, vingt-trois de *Domitien*, dont trois Médailles des *Jeux Séculaires*, & quatre de *Nerva*.

V. T. 35 *Méd.*

Vingt-cinq Médailles de *Trajan*, & dix d'*Hadrien*, dont *Cappadocia*, *Mauretania* & autres.

VI. T. 35 *Méd.*

Toute la Tablette est de l'Emp. *Hadrien*.

VII. T. 35 *Méd.*

Huit d'*Hadrien*, six de *Sabine*, trois d'*Ælius*, & dix-huit d'*Antonin Pie*.

VIII.

VIII. T. 35 Méd.

Quinze Médailles d'*Antonin*, treize de *Faustine* sa femme, & sept de *M. Aurele*.

IX. T. 35 Méd.

Vingt-cinq de *M. Aurele*, & dix de *Faustine*.

X. T. 35 Méd.

Quatre de *Faustine*, neuf de *L. Verus*, six de *Lucille*, treize de *Commode*, & trois de *Crispine*.

XI. T. 35 Méd.

Un *Pertinax* & un *Albin* (frustes) quatre de *Sept. Severe*, cinq de *Julie*, six de *Caracalla*, une de *Plautille*, cinq de *Geta*, deux de *Macrin*, une de *Diadumenien*, six d'*Elagabale*, une d'*Aquilia Severa*, une de *Mæsa*, une de *Soæmias*.

XII. T. 35 Méd.

Sept de *Sev. Alexandre*, une de *Mammæe*, une d'*Orbiana*, trois de *Maximin*, deux de *Maxime*, dix de *Gordien* Pie, trois de *Philippe* pere, une d'*Otacille*, trois de *Philippe* fils, & trois de *Trajan Dece*.

XIII. T. 16 Méd.

Une d'*Herennius*, quatre de *Gallus*, une de *Volusien*, deux de *Gallien*, & huit de *Posthume*.

BAS EMPIRE EN MOYEN BRONZE.

32. Cinq cens dix Médailles du Bas-Empire en moyen, grand & petit bronze, dans un sac, depuis le Regne de *Diocletien*, jusqu'à la fin du Bas-Empire, pesent neuf livres trois onces.

PETIT BRONZE HAUT ET BAS-EMPIRE.

33. Cent soixante-onze Médailles du Haut & Bas-

Empire de petit bronze. Dans le Bas-Empire font les plus rares, comme des *Lælianus*, des *Allectus*, des *Carausias*, deux *Quietus*, deux *Nigrinianus*, un *Hanniballien*, deux *Magn. Urbica*, plusieurs petites Médailles appartenantes à *Julien l'Apostat*, un *Baducla*, avec la tête, &c. & un petit sac de deux cens quatre-vingt-deux Médailles aussi de petit bronze du Bas-Empire, bien conservées, parmi lesquelles il y a plusieurs beaux *Floriens*.

MÉDAILLES ANTIQUES, DOUBLES ET TRIPLES EN BRONZE.

34. Un sac de trois cens soixante Médailles de grand bronze, qui font une espece de suite, & qui pesent seize livres & demie.

35. Un sac de trois cens trente Médailles de grand bronze, pese quinze livres.

36. Espece de suite dans un sac qui est de deux cens cinquante-cinq Médailles de moyen bronze, & qui pese cinq livres trois quarts.

37. Un sac de sept cens quatre-vingt Médailles de moyen bronze, pese seize livres & demie.

38. Un sac de cinq cens cinquante Médailles Haut-Empire latin & grec, pese huit livres six onces.

39. Un sac de mille huit cens vingt-une Médailles de Bas-Empire, pese vingt livres six onces.

40. Un second sac de neuf cens quatre-vingt-douze Médailles du Bas-Empire, pese treize livres & demie.

MÉDAILLES CONSULAIRES EN BRONZE.

41. Soixante-quatre Médailles Consulaires en bronze de tout module.

MÉDAILLES CARTHAGINOISES, ESPAGNOLES, GOTHIQUES ET ARABES.

42. Deux cens vingt-cinq Médailles Carthaginoises, Espagnoles, Gothiques & Arabes.

MÉDAILLES FRAPPÉES PAR LES PADOUANS D'APRE'S L'ANTIQUE.

43. Cinquante-sept Médailles, dont un nombre de Padouans à fleur de coin, avec un nombre de Médaillons contrefaits par d'autres Faussaires, dont quelques-uns sont bien imités.

44. Soixante-dix Médailles fausses, la plûpart moulées d'après l'antique.

45. Plus, cent vingt Médailles retouchées ou moulées d'après l'antique, & un ramas de quelqu'autres Pieces.

46. Deux cens Pieces de plomb ou étain, la plûpart moulées d'après l'antique, & quelques plombs de Bulles.

MONNOIES D'OR.

47. Deux Pieces très-anciennes qui me sont inconnues, l'une est un Agnel, & l'autre est marquée de l'Ecu de France.

MONNOIES EN ARGENT ET BILLON.

48. Soixante-onze Monnoies des Papes en argent, parmi lesquelles il y en a un grand nombre des plus anciennes, pesent six onces.

49. Cent trente-sept Pieces de Monnoies étrangeres en argent & en billon, pesent six onces six gros.

50. Cent vingt Pieces, *Idem*, argent & billon, pesent sept onces quatre gros.

51. Deux cens douze Pieces de Monnoies de France, argent & billon, de la seconde & troisieme Race : il y en a quantité des Prélats & hauts Barons ; la plus remarquable, & que je crois unique, est une Piece de *Louis le Débonnaire* avec sa tête : on peut y ajouter une grande Piece de *François de Bourbon*, Comte d'Enguien, pesent un Marc six onces.

MONNOIES EN CUIVRE.

52. Dix-sept Pieces de Monnoies de Papes en cuivre.

53. Deux cens vingt Pieces de Monnoies étrangeres de cuivre.

54. Un sac de cinq cens quarante Monnoies de cuivre, pesant cinq livres quatre onces.

MEDAILLES MODERNES EN ARGENT

55. Douze Médailles d'après l'antique, & autres dont plusieurs coins originaux des Padouans pesent un marc une once & demie.

56. Soixante-deux Pieces moulées d'après l'antique, la plûpart en bas argent, pesent un marc trois onces un gros.

57. Vingt-cinq Pieces de Papes, Cardinaux, Prélats, Jettons & autres, pesent un marc quatre onces un gros.

58. Cinq Pieces, dont un bel *Henri IV*, au revers de *Marie de Medicis*, le sacre de *Louis XIII*. deux Médailles de *Cromvel*, &c. pesent trois onces six gros.

MEDAILLES MODERNES EN BRONZE.

59. Deux cens soixante-quatre Médailles de Papes, la plûpart moulées & avant *Martin V*.

60. Deux cens trente-quatre Médailles de Papes de différens modules.

61. Onze Médaillons, la plûpart de Papes.

62. Trente-trois Médailles & Médaillons de Cardinaux, Prélats & autres Ecclésiastiques.

63. Vingt-neuf Pieces, parmi lesquelles il y a beaucoup de têtes de la Maison de Médicis.

64. Trente Pieces de Princes étrangers.

65. Trente-quatre Pieces des Rois de France.

66. Vingt-deux Médailles ou Médaillons de Seigneurs Généraux d'Armées, tant Etrangers que François, entr'autres le Maréchal *Trivulce*.

67. Cinquante-six Médailles ou Médaillons modernes d'un beau choix.

68. Vingt-huit Médaillons du Parnasse de M. Titon.

69. Un sac de cinq cens dix Jettons de cuivre, pese cinq livres.

MONUMENS ANTIQUES.

PIERRES GRAVÉES.

70. Trois Camées d'Agate Onix, dont l'un représenté une Tête barbue, l'autre celle d'un Enfant, & le dernier a une Inscription grecque en relief.

71. Quatre Pierres, dont un *Abraxas* avec des caracteres, deux autres gravées en creux, & un joli morceau d'Agate verte, de jolie couleur.

72. Trente-cinq petites Pierres gravées en creux pour la plûpart, parmi lesquelles une Tête de N. S. en or émaillé, & un petit Bracelet de pied d'Elan, garni d'or.

73. Un lot de différentes empreintes d'après des Pierres gravées & Médailles, en souffre, en terre bolaire & en cire d'Espagne.

ANTIQUITÉS ÉGYPTIENNES,

ÉTRUSQUES ET ROMAINES.

74. Cinq Figures Egyptiennes de terre, d'environ 6 pouces de haut, dont une très-singuliere, & cinq autres très-petites, bien vernissées.

75. Cinq autres dites, avec des caracteres hieroglyphiques, aussi de terre.

76. Trois autres Figures Egyptiennes, aussi de terre, & deux Lampes de même, dont une avec le nom de l'Ouvrier.

77. Cinq Figures Etrusques de bronze, la plûpart mutilées, dont la plus distinguée est une Femme tenant une Patere.

78. Un *Phallus* avec des caracteres Etrusques, & un morceau de Pâte antique, ou composition de verre opaque, de couleur verte, d'environ 3 pouces de diametre, représentant des Guerriers à mi-corps.

79. Une petite Figure Panthée de *Mercure*, avec un croissant entre les aîles de son *Petase*, & une petite Figure de Fille avec ses cheveux, singulierement arrangés derriere la tête, & drappée très-élégamment.

80. Deux Figures de bronze de 4 pouces en hauteur ; l'une représente *Jupiter* sans barbe, & l'autre l'*Espérance*, avec des Inscriptions dans les bases. Plus, deux petites Têtes, dont l'une est de demi-relief.

81. Cinq Piéces, qui sont une Hache de bronze, une autre d'un caillou transparent, une jolie Tessere, & deux Morceaux pour ornement à des courroies.

82. Une Faulx antique d'environ 15 pouces de long : elle est cassée, mais peut être raccommodée.

83. Vingt-neuf Poids Romains de différentes formes & grandeurs.

84. Vingt & un Poids *idem*, dont plusieurs doubles des précédens.

85. Un Buste de marbre de l'Empereur *Antonin le Pieux*, de demi-nature.

86. Seize Sceaux du moyen âge, en bronze.

87. La Carte de l'Empire Romain de *Peuttinger*, en rouleau de papier.

CURIOSITÉS DE LA NATURE,

ET DE L'ART.

88. *Glossopetres*, *Crapaudines*, Dents d'Animaux, Fruits des Indes, dont un petit Coco, &c.

89. Une branche de Corail blanc de la Chine.

90. Une très-grosse Pierre d'*Aimant*, armée.

91. Une autre Pierre d'*Aimant* brute dans la li-

maille, avec des Petits Entonnoirs, Eguilles, &c.
pour faire des Expériences. Plus, un petit Microfcope.

92. Une Croix de cryftal de roche de plufieurs
Pieces, reliées avec du bronze doré d'or moulu, &
le *Chrift*, doré de même : le tout d'environ 20 pouces
de haut.

93. Un fort beau *Chrift* de bois fur une croix de
même, d'environ 20 pouces de hauteur de la tête aux
pieds de la figure, bien confervé.

94. Un très-antique Ciboire de bronze, doré.

95. Une Tête de Mort d'albâtre, groffe comme
nature.

96. Une très-petite Chapelle à deux volets d'ou-
vrage de peinture grecque Mofcovite, qui repréfente
S. Georges & *S. Demetrius* à cheval.

97. Trois Chapelets, dont un d'yvoire, & une
petite Tête de Mort de corail.

98. Cinq Pieces de Laque, dont une efpece de
Caiffe carrée en hauteur ; les quatre autres font des
petites Jattes.

99. Deux Taffes à anfes de jade, de compofition
des Indes ; deux Cuillers à parfums, & cinq autres
petits Outils dorés, & deux autres Pieces Indiennes,
qui font des emblêmes religieux.

100. Vingt & une Planches de cuivre, dont un
Portrait gravé par Nanteuil ; cinq Planches de Devi-
fes, & le reftant des gravures de Médailles.

101. Des Armoires à Médailles, & Cartons ; dont
on fera plufieurs lots lors-de la Vente.

F I N.

www.ingramcontent.com/pod-product-compliance
Ingram Content Group UK Ltd.
Pitfield, Milton Keynes, MK11 3LW, UK
UKHW021207140726
13695UKWH00005B/2387